EL PRINCIPIO DE LOS

tigres BEBÉS

KATE RIGGS

CREATIVE EDUCATION

TABLA DE

CONTENIDO

SOY UN CACHORRO DE TIGRE.

Soy un tigre bebé.

¡Mira mis dientes afilados y mi pelaje con rayas!

Cuando nací, pesé alrededor de dos libras (0.9 kg). Mis ojos estuvieron cerrados por dos semanas.

Pero ahora puedo ver los alrededores de nuestra guarida.

Nuestra camada se queda en la guarida por ocho semanas. Pronto usaremos nuestros afilados dientes para comer carne.

1
2
3
4
5
6
7
8 semanas

Seguimos a nuestra madre. Ella nos enseña a cazar.

¡Cazar es difícil! Aprender a hacerlo me toma más de un año.

Yo busco mi propio alimento.

¡Ahora soy un tigre joven!

HABLA Y ESCUCHA

ARRR!

¿Puedes hablar como un cachorro de tigre? Los tigres gruñen, rugen, y emiten sonidos agudos.

Escucha esos sonidos:

https://www.youtube.com/watch?v=cNx0E-SXTAY

¡Ahora es tu turno!

PALABRAS BEBÉS

camada: el grupo de animales que nacen juntos al mismo tiempo

guarida: un área pequeña y escondida donde descansa un animal

pelaje: el pelo que cubre a algunos animales

ÍNDICE

PUBLICADO POR CREATIVE EDUCATION
P.O. Box 227, Mankato, Minnesota 56002
Creative Education es una marca editorial de The Creative Company
www.thecreativecompany.us

DISEÑO Y PRODUCCIÓN
de Chelsey Luther & Joe Kahnke
Dirección de arte de Rita Marshall
Traducción de TRAVOD, www.travod.com

FOTOGRAFÍAS de Getty Images (Martin Harvey/DigitalVision), iStockphoto (GlobalP), Minden Pictures (Suzi Eszterhas, Andy Rouse/NPL), Shutterstock (Bohbeh, cosma, Eric Isselee, Anan Kaewkhammul, Dagmara Ksandrova, Ultrashock)

INFORMACIÓN DEL CATÁLOGO DE PUBLICACIONES
de la Biblioteca del Congreso is available under PCN 2019930519.
ISBN 978-1-64026-282-9 (library binding)